Ciclos de vida

El ciclo de vida de un pollo

por Jamie Rice

Bullfrog en español

Ideas para padres y maestros

Bullfrog Books permite a los niños practicar la lectura de textos informativos desde el nivel principiante. Las repeticiones, palabras conocidas y descripciones en las imágenes ayudan a los lectores principiantes.

Antes de leer

- Hablen acerca de las fotografías. ¿Qué representan para ellos?
- Consulten juntos el glosario de las fotografías. Lean las palabras y hablen de ellas.

Durante la lectura

- Hojeen el libro y observen las fotografías. Deje que el niño haga preguntas. Muestre las descripciones en las imágenes.
- Léale el libro al niño o deje que él o ella lo lea independientemente.

Después de leer

- Anime al niño para que piense más. Pregúntele: Las gallinas ponen huevos en nidos. ¿Puedes nombrar otros animales que tienen nidos?

Bullfrog Books are published by Jump!
5357 Penn Avenue South
Minneapolis, MN 55419
www.jumplibrary.com

Library of Congress Cataloging-in-Publication Data

Names: Rice, Jamie, author.
Title: El ciclo de vida de un pollo / por Jamie Rice.
Other titles: Chicken's life cycle. Spanish
Description: Minneapolis, MN: Jump!, Inc., [2023]
Series: Ciclos de vida | Includes index.
Audience: Ages 5–8
Identifiers: LCCN 2022004527 (print)
LCCN 2022004528 (ebook)
ISBN 9798885240116 (hardcover)
ISBN 9798885240123 (paperback)
ISBN 9798885240130 (ebook)
Subjects: LCSH: Chickens—Life cycles
Juvenile literature.
Classification: LCC SF487.5 .R5318 2023 (print)
LCC SF487.5 (ebook)
DDC 636.5—dc23/eng/20220201

Editor: Eliza Leahy
Designer: Emma Bersie
Translator: Annette Granat

Photo Credits: Shutterstock, cover; cynoclub/Shutterstock, 1; Suradech Prapairat/Shutterstock, 3 (top); Sascha Burkard/Shutterstock, 3 (bottom); Anastasiia Magonova/iStock, 4, 5, 23bl; Rj Grant/Dreamstime, 6–7, 22t; Pongpanot Phuriroengpoom/Shutterstock, 8; Avalon/Picture Nature/Alamy, 9, 23tl; RadVila/Shutterstock, 10–11; Wirestock/Dreamstime, 12–13, 22bl; photosbelkina/Shutterstock, 14–15, 22br, 23tr; Alexandru Ionas Salagean/Dreamstime, 16–17, 23br; Photos by Kerstin/Shutterstock, 18; Oleksandr Lytvynenko/Shutterstock, 19, 20–21; khathar ranglak/Shutterstock, 24.

Printed in the United States of America at Corporate Graphics in North Mankato, Minnesota.

Tabla de contenido

Huevos y nidos 4
El ciclo de vida de un pollo 22
Glosario de fotografías 23
Índice 24
Para aprender más 24

Huevos y nidos

Una gallina está en su nido.

¡Ella puso huevos!

Los huevos tienen cáscarones duros.

Algunos son blancos.

Algunos son de color café.

Los pollitos crecen dentro de ellos.

Pasan veinte días.

Los pollitos picotean los cáscarones.

Ellos usan sus picos.

¡Los pollitos eclosionan!

Están mojados.

Ellos se secan.

Sus plumas son esponjosas.

Son suaves.

Mamá los mantiene calientitos.

plumas
nuevas

Pasan siete días.

Los pollitos mudan.

Las plumas nuevas son suaves.

Ellos siguen a mamá.
Picotean la hierba.
Comen insectos.

Cuando cumplen un año, se vuelven adultos.

Los adultos machos son gallos.

Los adultos hembras son gallinas.

Esta gallina hizo su nido en la hierba.

Ella mantiene sus huevos calientitos.

¡Los pollitos van a eclosionar pronto!

El ciclo de vida de un pollo

El ciclo de vida de un pollo tiene tres etapas. ¡Échale un vistazo!

Glosario de fotografías

eclosionan
Salen de los huevos.

mudan
Cuando las aves mudan sus plumas y les crecen nuevas.

nido
Un lugar construido por aves y otras pequeñas creaturas para cuidar a sus crías.

picotean
Golpean o recogen algo con el pico.

Índice

adultos 18, 19
comen 16
eclosionan 9, 20
gallina 4, 19, 20
gallos 18
huevos 5, 6, 20
mudan 15
nido 4, 20
picos 8
picotean 8, 16
plumas 11, 15
pollitos 6, 8, 9, 15, 20

Para aprender más

Aprender más es tan fácil como contar de 1 a 3.

1. Visita www.factsurfer.com
2. Escribe "elciclodevidadeunpollo" en la caja de búsqueda.
3. Elige tu libro para ver una lista de sitios web.